QUELQUES RECETTES

pour boissons américaines

à préparer exclusivement avec des

LIQUEURS BOLS

8° V Pièce
20693

ERVEN LUCAS BOLS

Anno 1575   **AMSTERDAM**

QUELQUES RECETTES POUR BOISSONS AMÉRICAINES A PRÉPARER EXCLUSIVEMENT AVEC DES LIQUEURS BOLS.

NOTA

Le Dry Gin Bols est tout à fait différent de notre grande spécialité Very Old Gin Bols (V. O. Gin). On doit employer le premier pour les cocktails seulement; le dernier est celui que les Hollandais boivent en famille.

ERVEN LUCAS BOLS, Amsterdam.

COPYRIGHT

INTRODUCTION

En vertu de la grande popularité des boissons améri-caines et la difficulté qui existe en Europe de se procurer les recettes nécessaires, nous avons tâché de composer pour notre clientèle un petit livret, dans lequel les bois-sons principales ont été mentionnées.

Les boissons que nous avons choisies sont les boissons les plus connues, et elles ont la particularité qu'elles peuvent toutes, sans exception, être fabriquées avec les produits fabriqués dans nos distilleries.

En outre, la composition des boissons suivantes est tellement simple, qu'on pourra même les faire servir chez soi sans grand dérangement. On n'a besoin que de glace pilée, de citrons, de Porto, de Madère et d'une collection de nos liqueurs.

Naturellement, la chose principale est d'avoir un soi-disant « shaker » en argent. Avec cet instrument, on peut donner aux liqueurs la fraîcheur et la finesse néces-saires.

En dernier lieu, nous attirons spécialement l'atten-tion sur l'emploi qu'on peut faire de quelques-unes de nos liqueurs comme le Curaçao, Cherry-Brandy, Abricot-Brandy, Marasquin, etc. pour aromatiser les fruits de table, comme : fraises, cerises, cassis, etc. et aussi pour donner un parfum spécial aux puddings, sauces, etc.

ERVEN LUCAS BOLS,
AMSTERDAM.
Anno 1575.

LISTE des Liqueurs nécessaires à la composition
des cocktails mentionnés dans cette brochure.

LIQUEURS

Anisette.
Bernardine.
Bols jaune.
Bols verte.
Cassis.
Cherry Brandy (étiquette
  bleue) ou sec.
Crème de Cacao Chouva.
Crème de Mandarines.
Crème de Menthe.
Crème de Noyaux.
Crème de Pecco.
Crème de Roses.
Crème de Vanille rouge.
Curaçao sec ou doux.
Curaçao orange ou blanc.
Curaçao vert.
Eau-de-vie de Dantzig.
Egg-Liqueur.
Ginger Brandy.
Kummel (Polar Bear).
Marasquin.
Parfait Amour.
Persico.
Triple sec.

BITTERS

Amstel Bitters (pour par-
  fumer).
Orange Bitters (genre
  américain).
Peach Bitters.
Pommeranz-Bitters.

VINS

Vin de Bordeaux.
Champagne.
Vermouth français.
Vermouth italien.
Madère.
Vin de Marsala.
Porto rouge.
Sherry.

SIROPS

Sirop de Grenadine.
Sirop de Framboise.
Ginger Ale.
Orangeade.

ET

Bols Dry Gin.
Cognac Girard.
Dubonnet.
Kirschwasser.
Rhum.
Rye Whisky.

REPRODUCTION DES VERRES A EMPLOYER 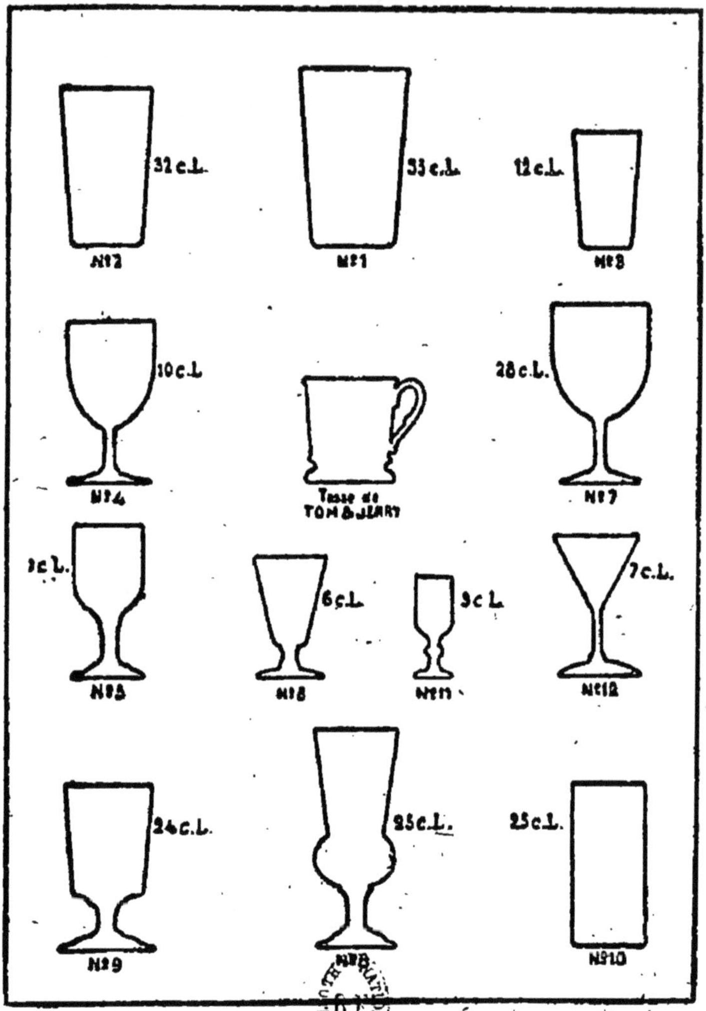
32 c.L.
33 c.L.
12 c.L.
N°2
N°1
N°3
10 c.L.
28 c.L.
N°4
Tasse de
TOM & JERRY
N°7
9 c.L.
6 c.L.
3 c.L.
7 c.L.
N°5
N°8
N°11
N°12
24 c.L.
25 c.L.
25 c.L.
N°9
N°6
N°10

LONG DRINKS

**

BRANDY FLIP (chaud)
Verre n° 3.

Faire chauffer :
>   1 cuillerée à café de SUCRE EN POUDRE,
>   Un peu d'EAU CHAUDE pour le fondre,
>   1 verre à madère de COGNAC GIRARD.

Délayer à part un JAUNE D'ŒUF avec du LAIT CHAUD, puis mélanger le tout en transvasant du verre dans le gobelet où l'on a délayé le jaune d'œuf; saupoudrer de muscade, servir.

....

BRANDY RICKEY
Verre n° 3.

Mettre dans le verre n° 3 quelques petits morceaux de glace :
>   1 cuillerée de SUCRE EN POUDRE,
>   Jus d'UN DEMI-LIMON ou 1/4 CITRON,
>   1 verre à liqueur de COGNAC GIRARD.

Compléter avec de l'EAU DE SELTZ, remuer.

Servir avec chalumeaux.

....

BORDEAUX PUNCH (froid)
Verre n° 7.

Prendre le verre n° 7, le remplir à moitié de glace pilée :
>   3 gouttes de JUS DE CITRON,
>   1 cuillerée à café de SUCRE EN POUDRE,
>   1/2 verre à liqueur de CURAÇAO BOLS,
>   1/2 verre à liqueur de COGNAC GIRARD.
>   4 traits de MARASQUIN BOLS.

Remplir le verre avec du BORDEAUX ROUGE, adapter un gobelet en argent; frapper fortement, garnir d'une tranche d'orange et fruits de la saison.

Servir avec chalumeaux.

CHAMPAGNE PUNCH
Verre à champagne.

Mettre dans le verre à champagne :
1/2 verre à liqueur MARASQUIN BOLS,
1/2 verre à liqueur CHERRY BRANDY BOLS.
Finir avec du CHAMPAGNE et ajouter quelques fruits de la saison et quelques petits morceaux de glace.

Servir avec chalumeaux.

....

CHERRY BRANDY FLIP (chaud)
Verre n° 3.

Faire chauffer :
1 cuillerée à café de SUCRE EN POUDRE,
Un peu d'EAU CHAUDE pour le fondre,
1 verre à madère de CHERRY BRANDY BOLS.
Délayer à part un JAUNE D'ŒUF avec du LAIT CHAUD, puis mélanger le tout en transvasant du verre dans le gobelet où l'on a délayé le jaune d'œuf, saupoudrer de muscade, servir.

....

CURAÇAO PUNCH (froid)
Verre n° 7.

Mettre dans le verre n° 7 :
JUS D'UN DEMI-LIMON ou 1/4 CITRON,
1 verre à liqueur de RHUM,
1/2 verre à liqueur de COGNAC GIRARD,
1 cuillerée à café de SUCRE EN POUDRE,
1 verre et demi à liqueur de CURAÇAO BOLS.
Remplir le verre de glace pilée, adapter un gobelet en argent, frapper fortement, garnir avec une tranche d'orange et fruits de la saison.

Servir avec chalumeaux.

CURAÇAO FLIP (chaud)

Verre n⁰ 3.

Faire chauffer :

1 cuillerée à café de SUCRE EN POUDRE,
Un peu d'EAU CHAUDE pour le fondre,
1 verre à liqueur de CURAÇAO BOLS,
1/2 verre à liqueur de COGNAC GIRARD.

Délayer à part un JAUNE D'ŒUF avec du LAIT CHAUD, puis mélanger le tout en transvasant du verre dans le gobelet où l'on a délayé le jaune d'œuf, saupoudrer de muscade, servir.

....

GIN FIZZ

Verre n⁰ 3.

Prendre un gobelet en argent, mettre un peu de glace pilée :

JUS D'UN QUART DE CITRON,
1 verre à liqueur de BOLS' DRY GIN,
1 verre à liqueur de BLANC D'ŒUF,
1 cuillerée à café de SUCRE EN POUDRE.

Adapter un second gobelet, frapper fortement, passer dans le verre n⁰ 3, remplir avec EAU DE SELTZ, remuer, servir.

....

GIN JULEP

Verre n⁰ 9.

Mettre dans le verre n⁰ 9 :

1 cuillerée à café de SUCRE EN POUDRE,
Un peu d'EAU pour fondre le sucre,
Quelques gouttes de CRÈME DE MENTHE BOLS.
1/2 verre à liqueur de BOLS' DRY GIN.

Remplir le verre de glace pilée, adapter un gobelet en argent, frapper fortement, ajuster au milieu du verre une branche de menthe fraîche, garnir d'une tranche d'orange coupée en quatre et fruits de la saison.

Servir avec chalumeaux.

GIN SMASH

Verre nº 3.

Mettre dans le verre nº 3 :

1/2 cuillère à café de SUCRE EN POUDRE,
1/2 verre à liqueur d'EAU, pour le fondre,
Quelques gouttes de CRÈME DE MENTHE BOLS,
1/2 verre à liqueur de BOLS' DRY GIN.

Bien remuer, remplir le verre de glace pilée, mettre une branche de menthe fraîche au milieu, garnir avec fruits de la saison.

Servir avec chalumeaux.

....

GIN PUNCH nº 2

Verre nº 10.

Prendre le verre nº 10, le remplir avec de la glace pilée :

1 cuillerée à café de SUCRE EN POUDRE,
4 traits de JUS DE CITRON,
1 cuillerée SIROP DE FRAMBOISES BOLS,
2 traits de CRÈME DE NOYAUX BOLS.

Finir avec du BOLS' DRY GIN, remuer, ajouter une tranche d'orange et quelques fruits de saison.

Servir avec chalumeaux.

....

GIN RICKEY

Verre nº 3.

Mettre dans le verre nº 3 quelques petits morceaux de glace :

1 cuillerée à café de SUCRE EN POUDRE,
JUS D'UN DEMI-LIMON ou d'UN QUART DE CITRON,
1 verre à liqueur de BOLS' DRY GIN,
1 verre à liqueur d'ANISETTE BOLS.

Finir avec EAU DE SELTZ, remuer.

Servir avec chalumeaux.

GIN SLING
Verre nº 10.

Prendre le verre à mélange nº 1, mettre quelques morceaux de glace :

    1 cuillerée à café de SUCRE EN POUDRE,
    6 traits de JUS DE CITRON,
    Fondre avec un peu d'EAU,
    2 verres à liqueur de BOLS' DRY GIN.

Remuer, verser dans le verre nº 10, et finir avec EAU DE SELTZ.

Servir avec chalumeaux.

HOLLAND FLIP
Verre nº 3.

Mettre dans un gobelet en argent quelques morceaux de glace :

    1 JAUNE D'ŒUF,
    1 verre à liqueur de CHERRY BRANDY BOLS,
    1/3 verre à liqueur de TRIPLE SEC BOLS,
    1/3 verre à liqueur de POMMERANZ BITTER,
    1/3 verre à liqueur de CRÈME DE VANILLE BOLS.

Adapter un second gobelet, frapper fortement, passer dans le verre nº 3, finir avec CHAMPAGNE, saupoudrer de muscade, servir.

GIN SPIDER
Verre nº 1.

Mettre dans le verre nº 1 un morceau de glace :

    4 traits d'ANGOSTURA-BITTER BOLS,
    1 tranche de CITRON,
    1 verre à liqueur de BOLS' DRY GIN.

Finir avec une bouteille de GINGER ALE.

Servir avec chalumeaux.

GROG AMÉRICAIN (spécial)
Verre nº 3.

Faire chauffer le verre nº 3 :
    2 cuillerées à café de SUCRE EN POUDRE,
    2 traits de JUS DE CITRON,
    1 verre à liqueur de RHUM,
    1 verre à liqueur de COGNAC GIRARD,
    4 traits de CURAÇAO BOLS.

Remplir le verre avec de l'EAU BOUILLANTE, remuer, garnir d'un rond d'orange, servir.

ICE CREAM SODA
Verre nº 8.

Prendre le verre nº 8, le remplir à moitié de glace pilée :
    3 traits de CURAÇAO BOLS,
    1/2 verre à liqueur de CRÈME DE VANILLE BOLS,
    1 verre à liqueur de KIRSCH,
    1 JAUNE D'ŒUF frais.

Adapter un gobelet en argent, bien battre, remplir le verre avec une bouteille de SODA, remuer.

Servir avec chalumeaux.

MAMAY TAYLOR
Verre nº 2.

Dans le verre nº 2, mettre un morceau de glace :
    1 verre à madère de BOLS' DRY GIN,
    1 tranche de CITRON,
    1 bouteille de GINGER ALE.

Servir avec chalumeaux.

PRINCE OF WALES (Prince de Galles)

Verre nº 10.

Mettre dans le verre nº 10 :

    1/4 de GLACE PILÉE,
      1 cuillerée à café de SUCRE EN POUDRE,
    1/2 verre à liqueur de CURAÇAO BOLS,
      2 traits d'ANGOSTURA BOLS,
      1 verre de MADÈRE.

Adapter un gobelet en argent, frapper fortement, remplir le verre avec du CHAMPAGNE.

Servir avec chalumeaux.

MILK PUNCH (chaud)

Verre nº 3.

Mettre dans le verre nº 3 :

      1 cuillerée de SUCRE EN POUDRE,
      2 verres à liqueur de COGNAC GIRARD,
      1 verre à liqueur de RHUM.

En remuant, finir avec du LAIT CHAUD, saupoudrer de muscade.

TEA PUNCH (froid)

Verre nº 7.

Prendre le verre nº 7, le remplir à moitié de glace pilée:

    1/2 verre à liqueur de MARASQUIN BOLS,
      1 cuillerée à café de SUCRE EN POUDRE,
    1/2 verre à liqueur de COGNAC GIRARD.

Remplir le verre avec du THÉ TRÈS FROID, adapter un gobelet en argent, faire mousser.

Servir avec chalumeaux.

SHERRY SPIDER
Verre n° 1.

Mettre dans le verre n° 1 un morceau de glace :
4 traits d'ANGOSTURA BITTER BOLS,
1 tranche de CITRON,
1 verre à liqueur de SHERRY.
Finir avec une bouteille de GINGER ALE.
Servir avec chalumeaux.

....

RHINE-WINE PUNCH (froid)
Verre n° 7.

Prendre le verre n° 7, le remplir à moitié de glace pilée :
3 traits de JUS DE CITRON,
1 cuillerée à café de SUCRE EN POUDRE,
1/2 verre à liqueur de CURAÇAO BOLS,
1/2 verre à liqueur de COGNAC GIRARD,
4 traits de MARASQUIN BOLS.
Remplir le verre avec du VIN DU RHIN, adapter un gobelet en argent, frapper fortement, garnir avec une tranche d'orange et fruits de la saison.
Servir avec chalumeaux.

....

SILVER FIZZ
Verre n° 10.

Mettre dans le verre n° 10 quelques petits morceaux de glace :
2 cuillerées à café de SUCRE EN POUDRE,
JUS D'UN DEMI-LIMON ou 1/4 de CITRON,
1 BLANC D'ŒUF frais,
1 verre à liqueur de BOLS' DRY GIN.
Adapter un gobelet en argent, bien battre, remplir le verre avec EAU DE SELTZ ou SODA, remuer.
Servir avec chalumeaux.

TOM COLLINS
Verre à limonade.

Mettre dans le verre à limonade :
JUS d'un 1/2 CITRON,
1 cuillerée à dessert de SUCRE EN POUDRE,
2 verres à liqueur de BOLS' DRY GIN,
Remuer et finir avec EAU DE SELTZ.

Servir avec chalumeaux.

....

WEDDING PUNCH
Pour 10 personnes.

Dans un bol à punch en métal, une heure avant de servir, mettre :
Le JUS D'UN ANANAS,
Le JUS DE DEUX CITRONS,
1 bouteille de PORTO ROUGE,
1/4 bouteille de CURAÇAO BOLS,
1/2 bouteille d'EAU,
1/2 bouteille de PEACH BRANDY BOLS,
1/2 bouteille de COGNAC GIRARD,
2 verres à madère de CRÈME DE VANILLE BOLS.

Avec une cuillère, bien remuer, mettre au milieu un morceau de glace de 1 kilo, ajouter 250 grammes de fruits : cerises, fraises, groseilles, etc. Mettre à rafraîchir pendant une heure dans la glacière ou, à défaut, dans de la glace pilée; remuer tous les quarts d'heure, sans écraser les fruits; au moment de servir, verser 2 bouteilles de LIMONADE.

Servir dans les coupes avec chalumeaux.

ZENITH COOLER
Verre n° 1.

Remplir à moitié le verre n° 1 de glace pilée :
4 centilitres d'ORANGEADE BOLS.
1 verre à liqueur de BOLS' DRY GIN.

Verser dessus, en remuant doucement, une 1/2 bouteille d'EAU MONTMARTEL; garnir avec une tranche d'ananas coupée en quatre.

Servir avec chalumeaux.

....

WHISKY GOBBLER
Verre n° 10.

Prendre le verre n° 10, le remplir aux trois quarts de glace pilée :
2 traits de JUS DE CITRON,
1 cuillerée à café de SUCRE EN POUDRE,
1/2 verre à liqueur de CURAÇAO DOUX BOLS.

Finir avec du RYE ou BOURBON-WHISKY et EAU, quantités égales; adapter un gobelet en argent, frapper fortement, garnir de 2/2 tranches de CITRON et fruits de la saison, verser à la surface 3 gouttes de CHERRY BRANDY (sans mélanger).

Servir avec chalumeaux.

....

GIN PUNCH (chaud)
Verre n° 4.

Faire chauffer :
1 cuillerée à café de SIROP DE GOMME,
4 traits de CURAÇAO BOLS,
2 traits de JUS DE CITRON,
1 verre à liqueur de BOLS' DRY GIN,
1 ZESTE DE CITRON.

Remplir avec de l'EAU BIEN CHAUDE, remuer, saupoudrer de muscade, servir.

16

GIN PICK-ME-UP
Verre à champagne.

Mettre dans le verre à mélange nº 1 quelques morceaux de glace :

1 verre à liqueur ORANGEADE BOLS,
2 verres à liqueur BOLS' DRY GIN.

Remuer et verser dans le verre à champagne. Finir avec EAU DE SELTZ.

*Servir avec un zeste de citron
et chalumeaux.*

....

WHISKY PUNCH (chaud)
Verre nº 4.

Faire chauffer :

1/2 verre à liqueur d'ORANGEADE BOLS,
4 traits de CURAÇAO BOLS,
2 traits de JUS DE CITRON,
1 verre à liqueur de WHISKY,
1 zeste de CITRON.

Remplir le verre avec de l'EAU BIEN CHAUDE, saupoudrer d muscade, servir.

SHORT DRINKS

CLOVES LEAF COCKTAIL
Verre n° 3.

Prendre un gobelet en argent, mettre quelques morceaux de glace :

    1 cuillerée à café de SUCRE EN POUDRE,
    1 cuillerée à café de SIROP DE GRENADINE ou
       de SIROP DE FRAMBOISE BOLS,
    1 BLANC D'ŒUF.

Finir avec du BOLS' DRY GIN, adapter un second gobelet, frapper fortement, passer dans le verre n° 3; servir.

GIN FLIP
Verre n° 3.

Mettre dans un gobelet en argent un peu de glace pilée :

    1 cuillerée à café de SUCRE EN POUDRE,
    1 verre à liqueur de BOLS' DRY GIN,
    1 JAUNE D'ŒUF frais.

Adapter un second gobelet, frapper fortement, passer en versant dans le verre n° 3, saupoudrer de muscade, servir.

CACAO FLIP
Verre n° 3.

Mettre dans un gobelet en argent quelques petits morceaux de glace :

    2 verres à liqueur de CHOCOLAT BOUILLI,
    1 verre à liqueur CRÈME DE CACAO CHOUVA
       BOLS,
    1 ŒUF frais.

Adapter un second gobelet, frapper fortement et passer dans le verre n° 3; saupoudrer de muscade, servir.

ROMAIN PUNCH
Verre à punch.

Remplir le verre de glace pilée :
- 1 verre à liqueur de SIROP DE FRAMBOISES BOLS,
- 4 traits de JUS DE CITRON,
- 1/2 verre à liqueur de CURAÇAO BOLS,
- 1/2 verre à liqueur de COGNAC GIRARD,
- 1/2 verre à liqueur de RHUM.

Adapter un gobelet en argent, frapper fortement, garnir d'une quantité de fruits, servir.

Sucrer un peu les fruits.

....

SODA COCKTAIL
Verre n° 2.

Prendre le verre n° 2, mettre un morceau de glace :
- 4 traits d'ANGOSTURA-BITTER BOLS,
- 4 traits de CURAÇAO BOLS,
- 1 zeste de CITRON,
- 1/2 bouteille de SODA.

Remuer doucement, servir.

....

BOL'S CHERISHER
Verre n° 5.

Mettre dans le verre n° 5 :
- 1/2 de CHERRY BRANDY BOLS,
- 1/2 de VERMOUTH FRANÇAIS,
- Quelques gouttes de PEACH BITTER BOLS.

Servir avec de la glace pilée.

AMOUR COCKTAIL
Verre n° 5.

Prendre le verre à mélange n° 1, mettre quelques morceaux de glace :
    4 traits de PEACH BITTER BOLS,
    4 traits de MARASQUIN BOLS,
Finir avec du MARSALA, remuer fortement et passer dans le verre n° 5.

Servir avec un zeste de citron, une cerise ou une olive,
au goût du consommateur.

....

SPECIAL BARTENDER COCKTAIL
Verre n° 5.

Prendre le verre à mélange n° 1, mettre quelques morceaux de glace :
    4 traits d'ORANGE BITTER BOLS,
    1/2 verre à liqueur CHERRY BRANDY BOLS.
Finir avec :
    2/3 de BOLS' DRY GIN,
    1/3 de VERMOUTH FRANÇAIS.
Remuer fortement et passer dans le verre n° 5.

Servir avec une cerise.

....

BRONX COCKTAIL
Verre n° 12.

Mettre dans un gobelet en argent quelques morceaux de glace :
    3 traits d'ORANGE BITTER BOLS,
    1/3 verre à liqueur d'ORANGEADE BOLS.
Finir avec :
    BOLS' DRY GIN,
    VERMOUTH FRANÇAIS,
    VERMOUTH ITALIEN.
Quantités égales; adapter un second gobelet, frapper fortement et passer dans le verre n° 12.

Servir avec une cerise.

CLUB COCKTAIL
Verre n° 5.

Mettre dans le verre à mélange n° 1 quelques morceaux de glace :

2 traits de SOLUTION DE SUCRE,
3 traits d'ORANGE BITTER BOLS,
1/3 verre à liqueur de BOLS JAUNE.

Finir avec :

2/3 de BOLS' DRY GIN,
1/3 de VERMOUTH ITALIEN.

Remuer fortement et passer dans le verre n° 5 ; servir.

....

BOSSOM CARESSER
Verre n° 3.

Prendre un gobelet en argent, mettre un peu de glace pilée :

1 JAUNE D'ŒUF bien frais,
1/2 verre à liqueur d'ORANGEADE BOLS,
1/2 verre à liqueur de CURAÇAO BOLS,
1/2 verre à liqueur de COGNAC GIRARD,
1/2 verre à liqueur de MADÈRE.

Adapter un second gobelet, frapper fortement, passer dans le verre n° 3.

Servir avec chalumeaux.

....

BRANDY COCKTAIL
Verre n° 5.

Prendre le verre à mélange n° 1, mettre quelques morceaux de glace :

3 traits de SOLUTION DE SUCRE,
3 traits d'ORANGE BITTER BOLS,
2 traits d'ANGOSTURA-BITTER BOLS.

Finir avec du COGNAC GIRARD, remuer fortement et verser dans le verre n° 5, servir.

BRANDY COCKTAIL
Verre nº 5.

Mettre dans le verre à mélange nº 1 quelques morceaux de glace :

    3 traits d'ANGOSTURA,
    2 traits de CURAÇAO BOLS.

Finir avec du COGNAC GIRARD, remuer, passer dans le verre nº 5.

Servir avec zeste de citron, une cerise ou une olive, au goût du consommateur.

....

BRANDY CRUSTA
Verre nº 6.

Prendre le verre nº 6, en sucrer les parois en passant légèrement les bords extérieurs sur une tranche de citron, tremper le verre dans le sucre en poudre, ce qui donne une apparence de givre, couper un zeste de citron assez long pour faire le tour de la paroi intérieure du verre, puis une cerise dans le fond.

Prendre un gobelet en argent, remplir à moitié de glace pilée :

    3 traits d'ANGOSTURA BOLS,
    3 traits de MARASQUIN BOLS,
    3 traits de CURAÇAO BOLS,
    Jus d'UN QUART DE CITRON,
    1 verre à liqueur de COGNAC GIRARD.

Adapter un second gobelet, frapper fortement, passer dans le verre préparé, servir.

CAKE WALK.
Verre nº 11.

Frapper le verre fortement.
Verser goutte à goutte sur les parois du verre :
  1/3 de PARFAIT AMOUR BOLS,
  1/3 de MARASQUIN BOLS,
  1/3 de BOLS VERTE.

Servir avec prudence.
Avant tout, ne pas remuer.

....

FANCY MIXTURE nº 1
Verre nº 11.

Frapper le verre fortement.
Verser goutte à goutte sur les parois du verre :
  1/4 de COGNAC GIRARD,
  1/4 de CHERRY BRANDY BOLS,
  1/4 de KIRSCHWASSER,
  1/4 de CRÈME DE CACAO CHOUVA BOLS,
Quelques gouttes de POMMERANZ BITTER BOLS.

Servir avec prudence.
Avant tout, ne pas remuer.

....

FANCY MIXTURE nº 2
Verre nº 11.

Frapper le verre fortement.
Verser goutte à goutte sur les parois du verre :
  1/3 d'EAU-DE-VIE DE DANZIG BOLS,
  1/3 de CRÈME DE CACAO CHOUVA BOLS,
  1/3 de CURAÇAO VERT BOLS.

Servir avec prudence.
Avant tout, ne pas remuer.

FANCY MIXTURE n° 3

Verre n° 11.

Frapper le verre fortement.

Verser goutte à goutte sur les parois du verre :
    1/3 de PERSICO BOLS,
    1/3 de CHERRY BRANDY BOLS,
    1/3 de CURAÇAO VERT BOLS.

Servir avec prudence.
Avant tout, ne pas remuer.

....

FANCY MIXTURE n° 4

Verre n° 11.

Frapper le verre fortement.

Verser goutte à goutte sur les parois du verre
    1/4 de CHERRY BRANDY BOLS,
    1/4 de CURAÇAO BLANC SEC BOLS,
    1/2 de COGNAC GIRARD.

Servir avec prudence.
Avant tout, ne pas remuer.

....

FANCY MIXTURE n° 5

Verre n° 11.

Frapper le verre fortement.

Verser goutte à goutte sur les parois du verre :
    1/3 de SIROP DE FRAMBOISE BOLS,
    1/3 de MARASQUIN BOLS,
    1/3 de CURAÇAO ORANGE SEC BOLS.

Servir avec prudence.
Avant tout, ne pas remuer.

FANCY MIXTURE nº 6

Verre nº 11.

Frapper le verre fortement.
Verser goutte à goutte sur les parois du verre :
  1/3 de COGNAC GIRARD,
  1/3 de MARASQUIN BOLS,
  1/3 de CURAÇAO VERT BOLS.

Servir avec prudence.
Avant tout, ne pas remuer.

HOLLANDIA COCKTAIL

Verre nº 5.

Mettre dans le verre à mélange nº 1, quelques morceaux de glace :
  3 traits de CURAÇAO BOLS,
  1/2 verre à liqueur CHERRY BRANDY BOLS.
Finir avec du PORTO ROUGE, remuer fortement et passer dans le verre nº 5 ; servir.

MARTINI COCKTAIL (doux)

Verre nº 5.

Mettre dans le verre à mélange nº 1, quelques morceaux de glace :
  4 traits d'ORANGE BITTER BOLS,
  4 traits de CURAÇAO BOLS,
  4 traits de SOLUTION DE SUCRE.
Finir avec :
  3/5 de BOLS' DRY GIN,
  1/5 de VERMOUTH FRANÇAIS,
  1/5 de VERMOUTH ITALIEN.
Remuer fortement et passer dans le verre nº 5.

Servir avec une cerise.

DRY MARTINI COCKTAIL
Verre n° 5.

Mettre dans le verre n° 1 quelques morceaux de glace :
3 traits d'ANGOSTURA ou ORANGE BITTER
BOLS.

Finir avec BOLS'DRY GIN et VERMOUTH TURIN,
quantités égales, remuer, passer dans le verre n° 5.
Servir avec un zeste de citron, une cerise ou une olive,
au goût du consommateur.

....

FANCY CHERRY BRANDY COCKTAIL
Verre n° 5.

Prendre le verre n° 5, en sucrer les parois en passant
légèrement les bords extérieurs sur une tranche de citron,
tremper dans le sucre en poudre, mettre une cerise au
fond du verre, ensuite prendre un gobelet en argent, y
mettre de la glace pilée :
3 traits d'ANGOSTURA BOLS,
4 traits de CURAÇAO BOLS.

Finir avec CHERRY BRANDY BOLS et EAU, quantités égales; adapter un autre gobelet, frapper fortement,
passer dans le verre préparé, servir.

....

FANCY CURACAO COCKTAIL
Verre n° 5.

Prendre le verre n° 5, en sucrer les parois en passant
légèrement les bords extérieurs sur une tranche de
citron, tremper dans le sucre en poudre, mettre une
cerise au fond du verre; ensuite prendre un gobelet en
argent, y mettre un peu de glace pilée
3 traits d'ANGOSTURA BOLS,
1 trait BOLS' DRY GIN.

Finir avec CURAÇAO BOLS et EAU, quantités
égales. Adapter un autre gobelet, frapper fortement,
passer dans le verre préparé, servir.

FANCY BERNARDINE COCKTAIL
Verre n° 5.

Prendre le verre n° 5, en sucrer les parois en passant légèrement les bords extérieurs sur une tranche de citron, tremper dans le sucre en poudre, mettre une cerise au fond du verre, ensuite prendre un gobelet en argent, y mettre un peu de glace pilée :

3 traits d'ANGOSTURA BOLS.

Finir avec BERNARDINE BOLS et EAU, quantités égales. Adapter un autre gobelet, frapper fortement, passer dans le verre préparé, servir.

Cette recette peut être appliquée
à des liqueurs diverses.

....

FORBIDDEN FRUIT
Verre n° 11.

Frapper le verre fortement.

Verser goutte à goutte sur les parois du verre :
   1/2 de CRÈME DE VANILLE ROUGE BOLS,
   1/4 de CRÈME DE PECCO BOLS,
   1/4 de COGNAC GIRARD.

Servir avec prudence.
Avant tout, ne pas remuer.

....

GENIÈVRE COCKTAIL
Verre n° 5.

Prendre le verre à mélange n° 1, mettre quelques morceaux de glace :
   3 traits d'ORANGE BITTER BOLS.

Finir avec du GENIÈVRE T. V. BOLS, bien remuer, passer dans le verre n° 5.

Servir avec une olive.

GIN COCKTAIL
Verre nº 5.

Prendre le verre à mélange nº 1, mettre quelques morceaux de glace :

3 traits d'ORANGE BITTER BOLS,
2 traits de CURAÇAO BOLS.

Finir avec BOLS' DRY GIN, remuer, passer dans le verrre nº 5.

Servir avec zeste de citron, une cerise ou une olive, au goût du consommateur.

....

GOLDEN SLIPPER
Verre nº 12.

Mettre dans le verre nº 12 :

1/4 de BOLS JAUNE.

Casser délicatement un ŒUF, y déposer doucement le JAUNE, remplir le verre avec de l'EAU-DE-VIE DE DANTZIG; servir.

(Agiter la bouteille de Dantzig avant de servir.)

....

IMPROVED GIN COCKTAIL
Verre nº 5.

Prendre le verre nº 5, en sucrer les parois en passant légèrement les bords extérieurs sur une tranche de citron, tremper dans le sucre en poudre, mettre une cerise au fond du verre, ensuite prendre un gobelet en argent, y mettre quelques morceaux de glace :

2 traits de MARASQUIN BOLS,
4 gouttes d'ORANGEADE BOLS,
2 traits d'ANISETTE BOLS,
1 verre à liqueur de BOLS' DRY GIN.

Adapter un autre gobelet, frapper fortement, passer dans le verre préparé, servir.

IMPROVED SHERRY COCKTAIL
Verre n° 5.

Prendre le verre n° 5, en sucrer les parois en passant légèrement les bords extérieurs sur une tranche de citron, tremper dans le sucre en poudre, mettre une cerise au fond du verre, ensuite prendre un gobelet en argent, y mettre quelques morceaux de glace :

    2 traits de MARASQUIN BOLS,
    4 gouttes d'ORANGEADE BOLS,
    2 traits d'ANISETTE BOLS,
    1 verre à liqueur de SHERRY.

Adapter un autre gobelet, frapper fortement, passer dans le verre préparé, servir.

IMPROVED VERMOUTH COCKTAIL
Verre n° 5.

Prendre le verre n° 5, en sucrer les parois en passant légèrement les bords extérieurs sur une tranche de citron, tremper dans le sucre en poudre, mettre une cerise au fond du verre, ensuite prendre un gobelet en argent, y mettre quelques morceaux de glace :

    2 traits de MARASQUIN BOLS,
    4 gouttes d'ORANGEADE BOLS,
    2 traits d'ANISETTE BOLS,
    1/2 verre de VERMOUTH.

Adapter un autre gobelet, frapper fortement, passer dans le verre préparé, servir.

IMPROVED WHISKY COCKTAIL
Verre nº 5.

Prendre le verre nº 5, en sucrer les parois en passant légèrement les bords extérieurs sur une tranche de citron, tremper dans le sucre en poudre, mettre une cerise au fond du verre, ensuite prendre un gobelet en argent, y mettre quelques morceaux de glace :

    2 traits de MARASQUIN BOLS,
    4 gouttes d'ORANGEADE BOLS,
    2 traits d'ANISETTE BOLS,
    1 verre à liqueur de WHISKY.

Adapter un autre gobelet, frapper fortement, passer dans le verre préparé, servir.

....

MANHATTAN COCKTAIL
Verre nº 5.

Prendre le verre à mélange nº 1, mettre quelques morceaux de glace :

    3 traits d'ANGOSTURA-BITTER BOLS.

Finir avec RYE WHISKY et VERMOUTH TURIN, quantités égales, bien remuer, passer dans le verre nº 5.

Servir avec un zeste de citron, une cerise ou une olive,
au goût du consommateur.

....

MARTINI COCKTAIL (doux)
Verre nº 5.

Prendre le verre à mélange nº 1, y mettre quelques morceaux de glace :

    3 traits d'ANGOSTURA ou ORANGE BITTER BOLS.

Finir avec BOLS'DRY GIN et VERMOUTH TURIN, quantités égales, remuer, passer dans le verre nº 5.

Servir avec un zeste de citron, une cerise ou une olive,
au goût du consommateur.

NIGHTCAP
Verre nº 6.

Mettre dans un gobelet en argent un peu de glace pilée :
1/2 verre à liqueur d'ANISETTE BOLS,
1/2 verre à liqueur de CURAÇAO BOLS,
1/2 verre à liqueur de COGNAC GIRARD,
Quelques gouttes de LAIT.

Adapter un second gobelet, frapper fortement, passer dans le verre nº 6, servir.

Nota. — Lorsqu'on fait pour plusieurs verres de cette consommation, remplacer le lait par un JAUNE D'ŒUF, ce qui est la vraie recette du night cap; pour un seul verre, il est impossible de mettre un jaune d'œuf, car ce serait trop.

....

MONNA VANNA AND MISS DUNCAN
Verre nº 11.

Frapper le verre fortement.
Verser goutte à goutte sur les parois du verre :
1/2 de CHERRY BRANDY BOLS,
1/2 de CURAÇAO VERT BOLS.

Servir avec prudence.
Avant tout, ne pas remuer.

....

PORT-WINE COCKTAIL
Verre nº 5.

Prendre le verre à mélange nº 1, mettre quelques morceaux de glace :
3 traits d'ANGOSTURA BOLS,
2 traits de CURAÇAO BOLS.

Finir avec PORTO ROUGE, remuer, passer dans le verre nº 5.

Servir avec un zeste de citron.

POUSSE CAFÉ (spécial)

Verre nº 11.

Frapper le verre fortement.
Verser goutte à goutte sur les parois du verre :
  1/3 d'ANISETTE BOLS,
  1/3 de BOLS JAUNE,
  1/3 de BOLS VERTE.

Servir avec prudence.
Avant tout, ne pas remuer.

....

POUSSE CAFÉ nº 3

Verre nº 11.

Frapper le verre fortement.
Verser goutte à goutte, sur les parois du verre :
  1/4 de MARASQUIN BOLS,
  1/4 de CHERRY BRANDY BOLS,
  1/4 de KUMMEL BOLS,
  1/4 de BOLS VERTE.

Servir avec prudence.
Avant tout, ne pas remuer.

....

POUSSE L'AMOUR

Verre nº 12.

Frapper le verre fortement.
Verser goutte à goutte sur les parois du verre :
  3 gouttes d'ORANGEADE BOLS,
  1/4 verre de MARASQUIN BOLS.
Casser délicatement un ŒUF, mettre le JAUNE,
remplir le verre sans mélanger, avec du KIRSCH. (Cette
boisson doit être avalée d'un trait.)

Servir avec prudence.
Avant tout, ne pas remuer.

QUO VADIS
Verre nº 11.

Frapper le verre fortement.
Verser goutte à goutte sur les parois du verre :
   1/4 de PARFAIT AMOUR BOLS,
   1/4 de CRÈME DE MENTHE VERTE BOLS,
   1/4 de KUMMEL BOLS,
   1/4 de COGNAC GIRARD.

Servir avec prudence.
Avant tout, ne pas remuer.

....

QUINQUINA COCKTAIL
Verre nº 5.

Prendre le verre à mélange nº 1, mettre quelques morceaux de glace :
   3 traits d'ANGOSTURA BOLS,
   2 traits de CURAÇAO BOLS,
Finir avec QUINQUINA, remuer, passer dans le verre nº 5.

Servir avec un zeste de citron.

....

ROSE COCKTAIL
Verre nº 5.

Prendre le verre à mélange nº 1, mettre quelques morceaux de glace :
   1/3 verre à liqueur de CRÈME DE ROSES BOLS,
   1/3 verre à liqueur de KIRSCHWASSER.
Finir avec :
   2/3 de BOLS' DRY GIN,
   1/3 de VERMOUTH FRANÇAIS.
Remuer et passer dans le verre nº 5.

Servir avec une cerise.

RHUM CRUSTA
Verre n° 6.

Prendre le verre n° 6, en sucrer les parois en passant légèrement les bords extérieurs sur une tranche de citron, tremper le verre dans le sucre en poudre, ce qui donne une apparence de givre, couper un zeste de citron assez long pour faire le tour de la paroi intérieure du verre, mettre une cerise au fond; ensuite prendre un gobelet en argent, remplir à moitié de glace pilée :

3 traits d'ANGOSTURA BOLS,
3 traits de MARASQUIN BOLS,
3 traits de CURAÇAO BOLS,
JUS D'UN QUART DE CITRON,
1 verre à liqueur de RHUM.

Adapter un second gobelet, frapper fortement, passer dans le verre préparé, servir.

....

RHUM SCAFFA
Verre n° 11.

Frapper le verre fortement.
Verser goutte à goutte sur les parois du verre :
1/2 verre à liqueur de BERNARDINE BOLS,
1/2 verre à liqueur de RHUM,
1 goutte d'ANGOSTURA BOLS.

Servir avec prudence.
Avant tout, ne pas remuer.

....

SUPRÊME CORDIAL
. Verre n° 6.

Remplir le verre n° 6 avec de la glace pilée, verser à la moitié du verre :
CRÈME DE MANDARINES BOLS.
Finir avec CURAÇAO BRANDY BOLS.

Servir avec 2/2 chalumeaux.

SQUARE MEAL
Verre n° 5.

Mettre dans un gobelet en argent un peu de glace pilée :

1/2 verre à liqueur de CURAÇAO BOLS,
1 verre à liqueur de GINGER BRANDY.

Adapter un second gobelet, frapper fortement, passer dans le verre n° 5 ; servir.

SHERRY COCKTAIL
Verre n° 5.

Prendre le verre à mélange n° 1, mettre quelques morceaux de glace :

3 traits d'ANGOSTURA BOLS,
2 traits de CURAÇAO BOLS.

Finir avec SHERRY, remuer, passer dans le verre n° 5.

Servir avec un zeste de citron.

TOUCH-ME-NOT
Verre n° 4.

Prendre un gobelet en argent, mettre un peu de glace pilée :

JUS D'UN QUART DE CITRON,
1/2 verre à liqueur de CASSIS,
1/2 verre à liqueur de CURAÇAO BOLS,
1 verre à liqueur de RHUM.

Adapter un second gobelet, frapper fortement, passer dans le verre n° 4 ; servir.

VERMOUTH COCKTAIL
Verre n° 5.

Prendre le verre à mélange n° 1, mettre quelques morceaux de glace :

3 traits d'ANGOSTURA BOLS,
2 traits de CURAÇAO BOLS.

Finir avec VERMOUTH SEC, remuer, passer dans le verre n° 5.

Servir avec un zeste de citron.

....

WHISKY SCAFFA
Verre n° 11.

Frapper le verre fortement.
Verser goutte à goutte, sur les parois du verre :

1/2 verre à liqueur de BERNARDINE BOLS,
1/2 verre à liqueur de CANADIAN CLUB WHISKY,
2 gouttes d'ANGOSTURA BOLS à la surface.

Servir avec prudence.
Avant tout, ne pas remuer.

....

WONDERFUL
Verre. n° 11.

Frapper le verre fortement.
Verser goutte à goutte, sur les parois du verre, au-dessus d'un peu de glace pilée :

1/3 de MARASQUIN BOLS,
2/3 d'ADVOCAAT.
Quelques gouttes de PARFAIT AMOUR BOLS.

Servir avec prudence.
Avant tout, ne pas remuer.

www.ingramcontent.com/pod-product-compliance
Ingram Content Group UK Ltd.
Pitfield, Milton Keynes, MK11 3LW, UK
UKHW022150170726
13837UKWH00004B/1896